Beginnings & Other Tragedies

ILARIA BOFFA

VP

Inizi e Altre Tragedie

Ilaria Boffa

VP

First published in 2023 by Valley Press
Woodend, The Crescent, Scarborough, YO11 2PW
valleypressuk.com

ISBN 978-1-915606-29-7
Cat. no. VP0225

Cover photograph by Ilaria Boffa,
featuring the sculpture 'Support' by Lorenzo Quinn.

Cover and text design by Jamie McGarry.

Printed and bound in Great Britain by
Imprint Digital, Upton Pyne, Exeter.

Pubblicato per la prima volta nel 2023 da Valley Press
Woodend, The Crescent, Scarborough, YO11 2PW
valleypressuk.com

ISBN 978-1-915606-29-7
Cat. no. VP0225

Fotografia di copertina di Ilaria Boffa,
con la scultura 'Support' di Lorenzo Quinn.

Design della copertina e del testo di Jamie McGarry.

Stampato e rilegato in Gran Bretagna da
Imprint Digital, Upton Pyne, Exeter.

Early in *Beginnings & Other Tragedies* the line "Matter dragging matter" appears, and in many ways embodies the very action that this book-length poem carries out. The poem takes readers on a journey to a proximate future in which it might seem all hope is lost, but poetry lifts the heavy materials, the humans, and carries them forward to possible new visions and modes for living in the world. It is refreshing to read a poem that employs deep concepts of theory and politics but maintains that special intangible glimmer that poetry provides and stays true to its own language and rhythms. *Beginnings & Other Tragedies* shifts and moves in voice and theme, making for a choral experience of the future, a call-to-action murmuring in our inner ears both as we read and long after we set the book down.

Ilaria Boffa's work takes on a new urgency in this text and transforms the language of science into the quotidian and the quotidian into the poetic. One might recall Amitav Ghosh's text *The Great Derangement*. While Ghosh is writing more specifically about serious fiction's lack of attention to climate change and the realities of our current world, a similar theory regarding a need for new stories might be applied to poetry. Poetry has a long tradition of nature writing and engagement with the physical world, however, a poem that goes beyond appreciation for landscapes and beauty can still be difficult to come by. Boffa writes directly into the most painful and least comforting parts of our world and ourselves:

> De-reifying things
> from entities to systems.
> De-reifying and reifying oneself
> to co-exist and glow like
> fireflies in the summer.

Nella prima parte di *Inizi E Altre Tragedie* compare
il verso "Materia che trascina materia", che per molti
aspetti incarna l'azione stessa che questo poema com-
pie, lungo tutto lo svolgersi del libro. Il poema conduce
chi legge in un viaggio verso un futuro prossimo in cui
potrebbe sembrare che ogni speranza sia perduta, ma
la poesia solleva i materiali pesanti, gli esseri umani e
li porta avanti verso nuove possibili visioni e modalità
di vivere nel mondo. È rincuorante leggere una poesia
che impiega concetti profondi di teoria e politica e che
mantiene quella luce speciale intangibile che la poesia
fornisce rimanendo fedele al proprio linguaggio e ai
propri ritmi. *Inizi E Altre Tragedie* si sposta e si muo-
ve nella voce e nel tema, creando un'esperienza corale
del futuro, una chiamata all'azione che mormora nelle
nostre orecchie mentre leggiamo e continua per molto
tempo dopo aver posato il libro.

Il lavoro di Ilaria Boffa assume una nuova urgenza
in questo testo e trasforma il linguaggio della scienza
in quotidiano e il quotidiano in poetico. Si potrebbe
ricordare l'opera di Amitav Ghosh, *La Grande Cecità*.
Sebbene Ghosh scriva in modo più specifico sulla man-
canza di attenzione da parte della narrativa importante
nei confronti del cambiamento climatico e della realtà
del nostro mondo attuale, una teoria simile sulla neces-
sità di nuove storie potrebbe essere applicata alla poe-
sia. La poesia ha una lunga tradizione di scrittura natu-
ralistica e di impegno con il mondo fisico, tuttavia una
poesia che vada oltre il puro apprezzamento del paes-
aggio e della bellezza può essere ancora difficile da tro-
vare. Boffa scrive direttamente nelle parti più dolorose e
meno confortanti del nostro mondo e di noi stessi:

> De-reificare le cose
> da entità a sistemi.
> De-reificare e reificare sé stessi

They disappeared, the fireflies
from the countryside overbuilt
and polluted.
What is a land but a vow
that comforts one's void?
What is a woman but her voice?
A myriad of echoes
resonance and lament.
De-reification of matter
and reification of the human.
Existing in the real without reality.

This is a long-poem that asks readers to, in fact, reconsider the current configuration of reality – something malleable and unstable, to be made and remade – through form, collectivity, and fresh language. Boffa calls upon tradition while never relying on it: traditions of nature poetry, dystopian fiction, the Greek chorus. Anne Carson, Gary Snyder, Renee Gladman all come to mind at different points in this text respectively for formal engagement, love of the planet, an unexpected take on the present-future.

I've spent a fair amount of time considering the title in reference to the poem itself: *Beginnings & Other Tragedies*. What and who are these beginnings? The world may be coming to an end as we humans know it, but in that end, in this final moment each one of us on Earth is just a beginner. Past lives and astrology aside, this is our first go at life and as stewards of the planet. While accumulated and inherited knowledge leave humans without any excuses for bad behavior, drives and impulses, naivety and recklessness might just be part of the package on one's first go around. Boffa writes:

per coesistere e brillare come
lucciole in estate.
Sono scomparse le lucciole
dalla campagna, iper-costruita
e inquinata.
Cos'è una terra se non un giuramento
che porta conforto al proprio vuoto?
Cos'è una donna se non la sua voce?
Una miriade di echi
risonanza e lamento.
La de-reificazione della materia
e reificazione dell'umano.
Esistere nel reale senza realtà.

Si tratta di un poema che chiede a chi legge di riconsiderare l'attuale configurazione della realtà – qualcosa di malleabile e instabile, da fare e rifare – attraverso la forma, la collettività e un linguaggio nuovo. Boffa si richiama alla tradizione senza mai appoggiarsi ad essa: la tradizione della poesia naturalistica, della narrativa distopica, del coro greco. Anne Carson, Gary Snyder, Renee Gladman mi vengono in mente in diversi punti di questo testo, rispettivamente per l'impegno formale, l'amore per il pianeta, un'inaspettata visione del presente-futuro.

Ho trascorso un bel po' di tempo a considerare il titolo in riferimento alla poesia stessa: *Inizi E Altre Tragedie*. Cosa e chi sono questi inizi? Forse il mondo sta per finire così come lo conosciamo noi umani, ma in quella fine, in questo momento finale, ognuno di noi sulla Terra è solo un principiante. A parte le vite passate e l'astrologia, questa è la nostra prima volta nella vita e come custodi del pianeta. Mentre le conoscenze accumulate ed ereditate lasciano gli esseri umani senza scuse per i cattivi comportamenti, pulsioni e impulsi

Beginners challenge
the so called tragedy
of the time horizon
in which people can't imagine
the suffering of the humans
of the future and
nothing much gets done
on their behalf.
Beginners are seamless
and they care.
Some of them give in.

In this new beginning each reader is invited to repurpose themself and start again, and possibly better. A beginner might be a child, but they might not be. There is a voice and place for everyone. I recently had the privilege of seeing Julian Rosefeldt's Euphoria at the Park Avenue Armory, and Boffa's poem here reminds me of those voices, young and willing to make change. This is a book in which I imagine sights and sounds in the most visceral sense – the choral structure, a poem that often appears like a Greek theatre, invites physical reading, with gesture, voice, cry.

Poetry's task is to absorb and repurpose all kinds of language in unexpected ways. Boffa invokes readers to reimagine how scientific and ecological language can be used, how they can be seen as sites of beauty. Language has power to change thoughts and therefore reality and as Boffa tells us: "It's good to think difficult things."

Allison Grimaldi Donahue

errati, l'ingenuità e l'imprudenza potrebbero essere parte del pacchetto al primo giro. Scrive Boffa:

> Coloro che iniziano sfidano
> la cosiddetta tragedia
> dell'orizzonte temporale
> per cui le persone non riescono
> a immaginare la sofferenza
> degli esseri umani del futuro e
> poco viene speso a loro favore.
> Coloro che iniziano sono senza soluzione
> di continuità e a loro importa.
> Alcuni si arrendono.

In questo nuovo inizio ogni persona è invitata a ripensarsi e a ricominciare, possibilmente meglio. Un principiante potrebbe essere un bambino, ma potrebbe anche non esserlo. C'è una voce e un posto per tutti. Recentemente ho avuto il privilegio di vedere Euphoria di Julian Rosefeldt al Park Avenue Armory e la poesia di Boffa mi ricorda quelle voci, giovani e desiderose di cambiare. Questo è un libro in cui immagino panorami e suoni nel senso più viscerale del termine: la struttura corale, una poesia che spesso appare come un teatro greco, invita alla lettura fisica, con il gesto, la voce, il grido.

La poesia ha il compito di assorbire e riproporre tutti i tipi di linguaggio in modi inaspettati. Boffa invita lettrici e lettori a re-immaginare come il linguaggio scientifico e quello ecologico possano essere usati, come possano essere visti quali siti di bellezza. Il linguaggio ha il potere di cambiare i pensieri e quindi la realtà e come ci dice Boffa: "Fa bene pensare cose difficili".

Allison Grimaldi Donahue

'Who can call any mortal happy?
Look how beginnings are turned upside down'
– *Grief Lessons: Hippolytos,* Anne Carson

'I absolutely love you
but we are absolute beginners'
– 'Absolute Beginners', David Bowie

*'Chi può definire felice un essere mortale?
Guardate come gli inizi vengono capovolti'*
– *Grief Lessons: Hippolytos*, Anne Carson

*'Ti amo in modo assoluto
ma siamo principianti assoluti'*
– 'Absolute Beginners', David Bowie

*for Venice, the Euganean Hills
and the Bacchiglione river*

*per Venezia, i Colli Euganei
e il fiume Bacchiglione*

(*they*)
From the beginning
the tide, the recursive succession
of torment and ardour.
The lagoon floods and dries out
involuntary formations emerge.
The waves and their fury
in November. Unrest and vigilant
amphibians between two worlds
as *bricole** they sustain each other.
Into water and mud
attacked by microorganisms.
Wood leaning against wood.

(*she*)
Loosen the rope
secured to the wharf.
Unmoor, I hold you.

(*they*)
The city and this solitude
found architecture of things
no shades in the northern light.
Inhabitants disappear so
structures reside naked.
Abstract counterparts
we possess the aesthetic
of utility-bearing composites.
Some places reveal causal profiles
they extend the semantics.

(*loro*)
Sin dal principio
la marea, la successione ricorsiva
del tormento e l'ardore.
La laguna allaga e prosciuga
rivelando formazioni involontarie.
Le onde e la loro furia
in novembre. Inquieti e vigili
anfibi tra due mondi
come *bricole** a sostenersi l'un l'altra.
Nell'acqua e nel fango
l'attacco di microorganismi.
Legno contro legno.

(*lei*)
Lascia la fune
fissata al pontile
molla gli ormeggi, ti tengo.

(*loro*)
La città e questa solitudine
architettura trovata delle cose
niente ombre nella luce del nord.
Gli abitanti scompaiono e allora
le strutture risiedono spoglie.
Controparti astratte
possediamo l'estetica di materiali
orientati all'utilità.
Alcuni luoghi rivelano profili causali
estendono la semantica.

Designing shelters
though intrinsically social
yields to moral relevance.
Did we choose Beauty?
Our gazes at times
look so disengaged and violent
in such need of repurposing.
Our gazes, observers
of their own standpoint.
We accommodate our limbs
on the *madieri**, covering
the masonry with waterproof clay
and lime plaster, stapling bones.
Everything moves, everything aches.

(chorus)
Nostalgia never rests, never complains
never ceases

(they)
Why is there something
rather than nothing?
They say that knowing
something is true is compatible
with ignoring as to how
it could be true.
No thing, non-thing
the absence of a something
nonexistence, not anything.
Reductio ad absurdum
in the maze of doubts.
The nothing is subjectively
unacceptable.

La progettazione di ripari seppur
intrinsecamente sociale
si piega alla rilevanza morale.
Abbiamo scelto la Bellezza?
I nostri sguardi a volte
appaiono così distratti e violenti
così bisognosi di riqualificazione.
I nostri sguardi, spettatori
della propria posizione.
Appoggiamo le membra
sui *madieri** e copriamo la muratura
con argilla resistente all'acqua
e intonaco di calce, spillando le ossa.
Ogni cosa si muove, ogni cosa fa male.

(*coro*)
La nostalgia mai riposa, mai si lamenta
mai cessa

(*loro*)
Perché esiste qualcosa
invece del nulla?
Dicono che sapere che
qualcosa è vero sia compatibile
con l'ignorare il come
possa essere vero.
Nessuna cosa, una non-cosa
l'assenza di un qualcosa
non esistenza, niente.
Reductio ad absurdum
nel labirinto dei dubbi.
Il nulla è soggettivamente
inaccettabile.

What's almost real quotes
the third landscape.
It entices us to consider
neglected areas of visibility.
The hidden aim of pathways
that no one has the rashness
to venture to. Some deeds
of the might-be
stare out and gnaw at us.

(*she*)
Nostalgia never rests
never complains, never ceases.
All of me wanted all of it.
All of me surrendered.

(*they*)
When we rarefy
we loosen grip
we give way to others' passage.
By merging we discontinue
our tissue recollections.
Permeable or semipermeable
up to us.
It's a remembrance crossover.

Time does not pass
we pass through time
in stages or blocks and we become.
Spatially and temporally scattered
we have experiences in other places
inaccessible to us here
and at other times
unavailable to us now.

Ciò che è quasi reale
dice del terzo paesaggio.
Ci induce a considerare
le aree trascurate della visibilità.
Lo scopo nascosto di percorsi
che nessuno ha l'avventatezza
di tentare. Certi atti
del potrebbe essere
ci fissano e logorano.

(*lei*)
La nostalgia mai riposa
mai si lamenta, mai cessa.
Tutto di me voleva tutto.
Tutto di me si è arreso.

(*loro*)
Quando perdiamo consistenza
allentiamo la presa
cediamo al passaggio dell'altro.
In questa unione creiamo discontinuità
nei nostri ricordi corporei.
Permeabili o impermeabili
dipende da noi.
È un interscambio di memoria.

Non è il tempo a passare
noi passiamo attraverso il tempo
a stadi o blocchi e diveniamo.
Sparsi spazio-temporalmente
viviamo esperienze in altri luoghi
a noi inaccessibili qui
e in altri tempi
a noi non disponibili ora.

We perform our P1 and P2 positions.
How fast do we pass?
Can we reminisce about
the things to come?
Have been and not yet
swap and spiral.
We own time-biased preferences:
one life is better than another
if and only if
the total amount of pleasure minus
the total amount of pain in the first life
is greater than
the corresponding quantity
in the second one.
Can sacrifice
change the perspective?

(*she*)
If I live with you
N latitudes and longitudes
simultaneous instants
before and after
my vertebral consumption
in between
we will rest.
Wherever you are
whenever you happen to be
stay put.

(*chorus*)
In the landscape
walking by the river

Insceniamo le nostre posizioni P1 e P2.
Quanto è veloce il nostro passaggio?
Possiamo ricordare
le cose che accadranno?
Ciò che è stato e il non ancora
si scambiano a spirale.
Possediamo preferenze falsate dal tempo:
una vita è migliore di un'altra
se e solo se
l'ammontare totale del piacere meno
l'ammontare totale del dolore nella prima vita
è maggiore
della corrispondente quantità
nella seconda vita.
Può il sacrificio
cambiare la prospettiva?

(lei)
Se vivo con te
N latitudini e longitudini
istanti simultanei
prima e dopo il consumarsi
delle mie vertebre
in questo intervallo di mezzo
riposeremo.
Ovunque tu sia
in qualunque attimo ti trovi
resta fermo.

(coro)
Nel paesaggio
camminando lungo il fiume

(*they*)
A land is a narrative
of belongingness
the necessity of being heard
and locating identity.

They uprooted the twin poplar
on the opposite riverine side
where its mate still sways.
The updated setting altered
the acoustic mirror effect
the sense of companionship
one had walking by that spot.
It was the beginning of the summer.
The operation planned
as part of the cleaning.
Everything reconfigures.
Covertly, for fear that
one shrieks in native tongue
vowels open wide.
For growing takes years.
We may demolish a house
abandon it and squat elsewhere.
Ecosystems rewild constantly.
That unique link between place
beings and timespan occurs.
Home happens.

De-reifying things
from entities to systems.
De-reifying and reifying oneself
to co-exist and glow like
fireflies in the summer.

(loro)
La terra è narrazione
di appartenenza
necessità di sentirsi ascoltati
assegnare il posto giusto all'identità.

Hanno sradicato il pioppo gemello
sulla riva opposta del fiume
dove il compagno ancora ondeggia.
Il paesaggio rinnovato ha alterato
l'effetto acustico a specchio
il senso di relazione provato
camminando in quel posto.
Era l'inizio dell'estate.
L'operazione pianificata
come parte della manutenzione.
Tutto viene riconfigurato.
Di nascosto, per timore
di udire urlare in lingua madre
vocali spalancate.
Perché crescere è questione di anni.
Possiamo demolire un edificio
abbandonarlo e occupare altrove.
Gli ecosistemi si ripristinano di continuo.
Quel legame unico tra luogo
esseri e lasso temporale avviene.
Sentirsi a casa accade.

De-reificare le cose
da entità a sistemi.
De-reificare e reificare sé stessi
per coesistere e brillare come
lucciole in estate.

They disappeared, the fireflies
from the countryside overbuilt
and polluted.
What is a land but a vow
that comforts one's void?
What is a woman but her voice?
A myriad of echoes
resonance and lament.
De-reification of matter
and reification of the human.
Existing in the real without reality.

Matter, *mater*, mother
the origin of things
and their substance.
The way molecules
interact with one another
bind to one another
break inhibitions
and conceive anew
ignoring other choices.
Things and their substances
our substance.
To the eye the task and the peril
of matching what appears
with what is familiar.
The loss of the univocal
and unambiguous
certainty of proximity.

(*she*)
Your substance
that I borrow
from the stream
when it steers the current

Sono scomparse le lucciole
dalla campagna, iper-costruita
e inquinata.
Cos'è una terra se non un giuramento
che porta conforto al proprio vuoto?
Cos'è una donna se non la sua voce?
Una miriade di echi
risonanza e lamento.
La de-reificazione della materia
e reificazione dell'umano.
Esistere nel reale senza realtà.

Materia, *mater*, madre
l'origine delle cose
e la loro sostanza.
Il modo in cui le molecole
interagiscono tra loro
si legano l'una con l'altra
spezzano inibizioni e
concepiscono ancora
ignorando altre scelte.
Le cose e la loro sostanza
la nostra sostanza.
Agli occhi il compito e il rischio
di far combaciare ciò che appare
con ciò che è familiare.
La perdita dell'univoca
e inequivocabile
certezza della prossimità.

(*lei*)
La tua sostanza
che ho preso a prestito
dal corso del fiume
quando devia la corrente

and enlaces my forearm
abandoned to its will.
My substance detrital
and *lithified** at the estuary.
Matter dragging matter.
…
Tracts of land unploughed
the eye's attempt to tidy up.
Month of beginnings and transitions
January stores fatigue
and anticipates sowing.
So many Januaries.

(chorus)
They are the ones
who voice the Phonocene

(they)
We've recognised our sound
in this Phonocene.
We've shared significance
and a territory, a place to be.
While feeling and hearing
birds crashing into the sky
trees imploding, people
tearing apart and decomposing
we cry out our *phonos*
of pure joy and echoes of grief.

We walk this Phonocene
with our eyes closed, stuck
in between bewilderment and action.

e cinge gli avambracci
abbandonati alla sua volontà.
La mia sostanza detritica
e *litificata** all'estuario.
Materia che trascina materia.
…
Distese di terra incolta
il tentativo dell'occhio di riordinare.
Mese di inizi e transizioni
gennaio conserva la fatica
e anticipa la semina.
Così tanti gennaio.

(coro)
Essi sono coloro
che danno voce al Fonocene

(loro)
Abbiamo riconosciuto il nostro suono
in questo Fonocene.
Abbiamo condiviso il significato
e il territorio, un posto in cui essere.
Mentre percepiamo e ascoltiamo
uccelli schiantarsi contro il cielo
alberi implodere, persone
andare in pezzi e decomporsi
gridiamo il nostro *phonos*
di pura gioia ed echi di pena.

Camminiamo questo Fonocene
ad occhi chiusi bloccati
tra stupore e azione.

What can we do but hold on
and be memory for one another?
What can we do
but belong to life?

Landscape, we are landscape
the idea of a place
its noise, the subjects
that are all in progress
crawling and leaping
within grey zones.
Perhaps embrace the uncanny.
Wildflowers that bow
when kids roll over them
and then stand miscellaneous
and lively.
Perhaps notice the swoosh
and the splash.
Perhaps it would be enough.

(*she*)
Where is the forest?
What is a forest?
I yearned for it and
made my bed beside it.
Forests, the dominant terrestrial
ecosystem of Earth
they contribute to over
seventy percent of the biosphere.
I became a forest.
I thought I could decompose
and fertilise, dispersed and useful.
I trusted you when
we spoke of the forest.

Cosa fare se non resistere
ed essere memoria l'uno per l'altra?
Che cosa possiamo fare
se non appartenere alla vita?

Paesaggio, siamo paesaggio
l'idea di un luogo
e il suo rumore, i soggetti
tutti in divenire
che si trascinano e saltano
tra zone grigie.
Forse accettare l'inspiegabile.
Fiori di campo che si piegano
quando i bambini si rotolano
e poi si risollevano rimescolati
e rianimati.
Forse notare il frusciare
e il rumore dell'acqua.
Forse, sarebbe abbastanza.

(*lei*)
Dov'è la foresta?
Cos'è la foresta?
L'ho bramata e ho preparato
il mio giaciglio in prossimità.
Le foreste, ecosistemi
dominanti sulla terra
contribuiscono a oltre
il settanta per cento della biosfera.
Sono divenuta foresta.
Pensavo di potermi decomporre
e fertilizzare, dispersa e utile.
Ti ho creduto quando
parlavamo della foresta.

The gigantic unknown
we might inhabit.
The forest floor, the understory
the canopy. Perhaps
it is happening elsewhere
in another part of the forest.

(*they*)
Letting go and gaining
throughout this time of becoming.
Rain in the river
water in the water.
Cursing the hail that disrupts
action and derails beginnings.
Biophony leads the rhythm
of this growing dance.
Incipit on repeat.

When the wind blows
wild on wheat fields
colonies of bee-eaters twirl
in and out the canopies.
Up and down they
rearrange air space.
A cut up technique
of intermittent trajectories.
The value of watching
their change of pace
on each leaf bent.

Il gigantesco sconosciuto
che avremmo potuto abitare.
Il tappeto erboso, il sottobosco
il fogliame. Forse
sta accadendo altrove
in un'altra parte della foresta.

(coro)
Il valore di ogni cosa

(*loro*)
Lasciar andare e ricevere
lungo il tempo del divenire.
Pioggia nel fiume
acqua nell'acqua.
Maledire la grandine che blocca
l'atto e compromette gli inizi.
La biofonia conduce il ritmo
di questa danza che costruisce.
Incipit, ancora e ancora.

Quando il vento soffia
impetuoso sui campi di grano
colonie di gruccioni volteggiano
dentro e fuori le chiome.
In alto e in basso
riorganizzano lo spazio aereo.
Tecnica cut-up
di traiettorie intermittenti.
Il valore di guardarne
il cambio di passo
su ogni foglia curvata.

Catching sight of nest holes.
The value of living life
folded in half.
Two linear texts juxtaposed
and unequipped for
restoring meaning.
The value of standing
still, on hold.
The value of everything.

If we relinquished our language
would we be able to write again?
Words inform ownership
and misunderstanding.
Tenderness might gain the upper hand
destabilising circumstances.
Standing with feet shoulder-width apart
surrendering, mimicking the branch
that glides down the stream.
Going forward.

(*she*)
Chasing the void like a duck.
You can see it taking off
just above the water.
The long neck directing.
A sense of urgency upon its beak
and wings. Where to go?
Where to go next?
They rest on big trees, the ducks.
I saw two of them perched
by a heron's nest.
I failed the shot.

Scorgere i buchi dei nidi.
Il valore di vivere la vita
piegata a metà.
Due testi lineari affiancati
e incapaci di
ripristinare il significato.
Il valore di stare
fermi, in attesa.
Il valore di ogni cosa.

Se rinunciassimo al nostro linguaggio
saremmo capaci di scrivere ancora?
Le parole definiscono responsabilità
e malintesi.
La tenerezza potrebbe spuntarla
destabilizzando le circostanze.
Sostare ritti a gambe divaricate
e arrendersi, mimare il ramo
trasportato in basso dalla corrente.
Andare avanti.

(*lei*)
Inseguire il vuoto come un'anatra.
La si può vedere sollevarsi in volo
a pelo d'acqua.
Il collo lungo allineato.
Un senso di urgenza sul becco
e le ali. Dove andare?
Dove andare dopo?
Le anatre riposano sugli alberi alti.
Ne ho viste due appollaiate
vicino al nido di un airone.
Ho perso l'attimo.

(*they*)
Ode for Complexity

Assume the principle of mediocrity:
no phenomenon is special, privileged
exceptional or superior.
Assume the notion that
if an item is drawn at random from one
of several sets, it's likelier to come from
the most numerous category.
What's the probability of being mediocre?
Too-much-ness of counter-intuition?
It's good to think difficult things.

(*she*)
Clouds are moving fast.
They're shifting perspective.
Carry me with you.

(*chorus*)
A frontier
and the aftermath of sorrow

(*she*)
Invisible to the eye
it comes in the fog.
The shallows, the birds.
Will it stop blurring the lines
of reality?
The aftermath of sorrow
fends for itself.

(*loro*)
Ode alla Complessità

Assumiamo il principio di mediocrità:
nessun fenomeno è speciale, privilegiato
eccezionale o superiore.
Assumiamo il concetto per cui
se un elemento viene estratto a caso da uno
tra diversi insiemi, è più probabile che
appartenga alla categoria più numerosa.
Qual è la probabilità di essere mediocri?
Troppa contro-intuizione?
Fa bene pensare cose difficili.

(*lei*)
Le nuvole si rincorrono veloci
cambiano la prospettiva.
Portatemi con voi.

(*coro*)
Una frontiera
e i postumi della sofferenza

(*lei*)
Invisibile agli occhi
giunge nella nebbia.
Le acque basse, gli uccelli.
Smetterà di offuscare il confine
della realtà?
I postumi della pena
badano a loro stessi.

(*they*)
Eventually, she dragged
the thing outside
and popped it into the car.
She drove till
the town dumping ground
and recycled it
as bulky waste.
It was a bright day.

All quiet. Nothing new.
Where is the storm, the awe
that yelling at the top
of our lungs, the desperate flight?
Im Westen Nichts Neues, Europa.
Before and after
hidden and heedless.
Consciously superfluous
to yourself.
We walk your geology Europa
and nothing is pristine.
What is missing, what thought
what sorrow?
It cannot be that
we forgot our intents.
You keep withdrawing.
And we keep
talking to ourselves.

The pandemic caught us unprepared
it took a few years away.
In the midst of the sixth mass extinction
we've not been crossing the frontier.

(*loro*)
Alla fine, ha trascinato
la cosa in strada
e l'ha lanciata nell'auto.
Ha guidato sino
alla discarica comunale
e l'ha riciclata
tra gli ingombranti.
Era un giorno chiaro.

Quiete. Niente di nuovo.
Dov'è la tempesta, lo stupore
quell'urlare a pieni polmoni
il volo disperato?
Im Westen Nichts Neues, Europa.
Prima e dopo
nascosta e distratta.
Consciamente superflua
a te stessa.
Attraversiamo la tua geologia Europa
e nulla è immacolato.
Cosa manca, quale pensiero
quale sofferenza?
Non è possibile che
abbiamo scordato i nostri intenti.
Continui a tirarti indietro.
E noi proseguiamo
a parlare a noi stessi.

La pandemia ci ha colto impreparati
ha rubato anni.
Nel mezzo della sesta estinzione di massa
non abbiamo attraversato la frontiera.

Languishing in agony wasn't
the preferred option but it went ahead
as in any tragedy
worthy of its name
by necessity.
Inertia stifled each cry
buried under inaction.
We gained the boundary
from opposite sides.
It was vague and diffuse
we were wounded.

The frontier, a future perfect
a yet to come already envisaged.
In the throes of yearning
breaking out in a cold sweat.
Could be Venice or Copenhagen
could be Europe or India
everywhere is an elsewhere.
Such region of possibility
blurs behind the virtuality
of this decade, the world's attempts
to decarbonise as fast as possible
chasing consensus at COP negotiations.
We should sign our own Paris Agreement
and write a consistent rubric.
We should lie down
under an auburn skyline
and kiss.

(*she*)
What if this is the time
the non-negotiable self, the sacred.
The line we already crossed.

Languire in agonia non era
l'opzione preferibile ma è andata avanti
come in ogni tragedia
degna del proprio nome
per necessità.
L'inerzia ha soffocato ogni grido
seppellito sotto la non azione.
Abbiamo raggiunto il confine
da direzioni opposte.
Tutto era vago e diffuso
eravamo feriti.

La frontiera, futuro anteriore
ciò che avverrà già immaginato.
Tra gli spasmi del desiderio
essere raggelati da sudori improvvisi.
Potrebbe essere Venezia o Copenaghen
l'Europa o l'India
dovunque è un altro dove.
Questa regione di possibilità
sbiadisce dietro la virtualità
dell'ultima decade, i tentativi del mondo
di decarbonizzare il prima possibile
inseguendo il consenso alle negoziazioni COP.
Dovremmo firmare il nostro Accordo di Parigi
e scrivere un corrispondente protocollo.
Dovremmo stenderci
sotto uno skyline ramato
e baciarci.

(*lei*)
E se fosse questo il tempo, il sé
non negoziabile, il sacro.
Il confine ormai oltrepassato.

Nothing is more real than the wind
in the winter when it cracks the skin and
clenches the throat, when it forces
each frequency.
On the riverbank, it lashes
the floodplains and then it pauses.
You told me about these years
the fatigue, and I do nothing
but ponder over our presence.
Where were we? What are we
bringing along? History is
a tale within a tale
a series of omissions, hypotheses
and mitigations.
And we may desecrate remembrance
and contaminate our becoming
but the urge to outlast the death
of the sun slams us.
Entrenched in the anxiety to get lost
evolving away from the main sequence
like red giants.
A few decades down the line
we will meet, I will sit down
across from you and
I'll ask once more
do you know my name?

(*they*)
Remember. The bombs over
their heads, the tanks, the invasion.
Nothing more anachronistic
and yet historical.
The land of Europe is on fire in the east.
Many of us are taken in, back in the earth.

Nulla è più vero del vento in inverno
quando taglia la pelle
e serra la gola quando
forza le frequenze.
Sull'argine sferza le golene
e poi si arresta.
Mi hai detto della fatica
di questi anni e non faccio
che pensare alla nostra presenza.
Dove siamo stati? Cosa
ci accompagna? La storia è
un racconto nel racconto
una serie di omissioni, presunzioni
e attenuanti.
E possiamo profanare il ricordo
e contaminare il divenire
ma la foga di sopravvivere allo spegnersi
del sole ci sbatte addosso.
Radicata l'ansia di perdersi
uscire dalla sequenza principale
come giganti rosse.
Qualche decade oltre
ci incontreremo, mi siederò
di fronte a te e
ti chiederò di nuovo
conosci il mio nome?

(*loro*)
Ricorda. Le bombe sopra
le loro teste, i carri armati, l'invasione.
Niente di più anacronistico
e tuttavia resterà negli annali.
Il suolo europeo è in fiamme a est.
Molti di noi sono stati trascinati giù, nella terra.

This is the place where one can WhatsApp
with a colleague from an air-raid shelter
holding breath while sirens
do their job. This is the space where
governments twit their enmity.
This is war.

However now, there's the flock to tend
shepherd dogs to reward. It's necessary.
Sheep crossed the playgrounds
scattering their excrement across.
Herd's behaviour
is unusual as of late
and the murmurations of starlings
haven't formed over the plain yet.
How they don't collide is a mystery.

(chorus)
Other Others?

(they)
Others, who are they?
What is this notion of otherness?
What is sameness?
Please follow the procedures
for the correct disposal
of hazardous materials.
Is our body one hundred percent
compostable?
Are others' bodies one hundred percent
compostable?
We are bodies fraught with others.

44

Questo è il posto dove si può usare WhatsApp
con una collega, dal rifugio antiaereo
trattenendo il respiro mentre le sirene
fanno il proprio lavoro. Questo è lo spazio dove
i governi twittano le proprie ostilità.
Questa è la guerra.

Ora però, bisogna occuparsi del gregge
gratificare i cani da pastore. È necessario.
Le pecore hanno attraversato i parchi
spargendo escrementi ovunque.
Il fare del bestiame
è divenuto insolito di recente
e gli stormi di storni ancora
non si vedono sulla pianura.
È un mistero come non collidano.

(coro)
Altri Altri?

(*loro*)
Altri, chi sono costoro?
Cos'è questa nozione di alterità?
Cos'è l'identicità?
Si prega di seguire le procedure
per il corretto smaltimento
dei rifiuti pericolosi.
Il nostro corpo è riciclabile
al cento per cento?
Il corpo degli altri è riciclabile
al cento per cento?
Siamo corpi pieni di altri.

Male DNA is often found
in women's brains. Really?
Do women retain DNA
from men they've slept with?
Other reasons.
Tetrachlorodibenzo-p-dioxin
potassium cyanide. Compound.
A substance formed when
two or more chemical elements
are chemically bonded together.
Or a lexeme that consists
of more than one stem.
Conglomerate of others.

Ode for Plastics n.2

P.E.T.
H.D.P.E.
P.V.C.
L.D.P.E.
P.P.
P.S.
Other

Ode for Others

Every other other/ others and each other/ in other
    words otherness
or otherwise/ other than another/ on the other hand
otherworldly.

And so why others?
All species and all objects
occupy a sound bandwidth
on a spectrogram

Il DNA maschile si trova spesso
nel cervello delle donne. Davvero?
Forse le donne assorbono il DNA
degli uomini con cui hanno rapporti?
Altre cause.
Tetraclorodibenzo-p-diossina
cianuro di potassio. Composto.
Una sostanza che si forma quando
due o più elementi chimici
vengono chimicamente uniti tra loro.
Oppure un lessema
che presenta più radici.
Conglomerato di altri.

Ode alla Plastica n.2

P.E.T.
H.D.P.E.
P.V.C.
L.D.P.E.
P.P.
P.S.
Altro

Ode agli Altri

Ogni altro altro/ altri e ciascun altro/ in altre parole
    alterità
o altrimenti/ altro piuttosto che un altro/ d'altra parte
un altro mondo.

E dunque perché gli altri?
Tutte le specie e tutti gli oggetti
occupano una banda sonora
su uno spettrogramma

a voice to feel heard.
Ongoing the eco-squatting
under human pressure.
Are we bypassing reciprocity?
Decency displays
a traceable path.

(*she*)
I sense your cavitation
drought, self-imposed.
Conserve, archive, never forget
how insignificant we are
and yet decisive.
Unlearn and de-familiarise.
We will set our own frequency
to preserve the dusk chorus.

(*chorus*)
A narrative of rustles
and translations

(*she*)
A clear geography of silver poplars
ashes and maples surrounds this fluvial area.
A narrative of rustles, translations.
What we hear and the language used
imply investigations
on others' listening modes
objects' reverbs
crashing into beings beyond us.
Inside those cubic metres of soil and air
noise spacialises, builds and hits.

una voce per farsi sentire.
In atto un costante eco-sfratto
a causa della pressione umana.
Stiamo bypassando la reciprocità?
La decenza mostra
un percorso tracciabile.

(*lei*)
Sento la tua cavitazione
la siccità, auto inferta.
Conserva, archivia, non dimenticare mai
quanto siamo insignificanti
eppure decisivi.
Disimpara e de-familiarizza.
Setteremo la nostra frequenza per
preservare il coro degli uccelli la sera.

(coro)
Una narrazione di fruscii
e traduzioni

(*lei*)
Una precisa geografia di pioppi bianchi
frassini e aceri circonda quest'area fluviale.
Narrazione di fruscii, traduzioni.
Ciò che sentiamo e il linguaggio usato
implicano indagini
sui modi di ascolto dell'altro
il riverbero degli oggetti
che scontra soggetti oltre noi.
Dentro quei metri cubi di suolo e aria
il suono prende spazio, costruisce e colpisce.

It neuroshapes and impacts
the plasticity of things.
We translated our voices into exact
references and wordings.
Now, hear.
…
Re-imagine, re-design, reset, rewind, restore, rebuild,
    recover.
Everything I feel I knew is foreign to me.
Everything that animates me separates itself from itself.
I am the signifier, the signified, the phoneme.

(*they*)
There was a day when
sounding different seemed
a useful coping strategy.
The gender of objects
never stopped flashing
as a reminder of identities.
Our relationships to the world
our multiple us
foreign to each other
one and the same.
Voices whispering from behind
doors left ajar
we are the morning, the backwash
of faraway seas and the dusk chorus.
Such interlocutors complement
and when it's time they temporise
imperceptibly to get ready and
play their role.
Alternate soundscapes they vocalise
their own anima.
Is this deconstruction and reconstruction?
Is this closeness?

Neuro-trasforma e impatta
la plasticità delle cose.
Abbiamo tradotto le nostre voci
in riferimenti e formulazioni.
Ora, ascolta.

…

Re-immagina, riprogetta, resetta, riavvolgi, ripristina,
  ricostruisci, recupera.
Tutto ciò che sento di conoscere mi è estraneo.
Tutto ciò che mi anima, separa sé stesso da sé stesso.
Sono il significante, il significato, il fonema.

(*loro*)
C'è stato un giorno in cui
un suono diverso è sembrato
un'utile strategia di adattamento.
Il genere degli oggetti
non ha mai smesso di essere
promemoria di identità.
La nostra relazione con il mondo
i nostri multipli noi
stranieri gli uni agli altri
eppure identici.
Voci che bisbigliano dietro porte
socchiuse
siamo il mattino, la risacca di mari
lontani e il verso notturno degli uccelli.
Tali interlocutori si completano
e quando è ora temporeggiano
impercettibili nel prepararsi
e fare la loro parte.
Paesaggi sonori alternativi verbalizzano
la propria anima.
Si tratta di decostruire e ricostruire
oppure è vicinanza?

(*she*)
And so I'm here writing through
two breaths, choosing words
that you can understand.
For when the beginning comes
each end will be forgotten
though the record of pain
will remain lost in translation.
…

We must believe in spring.
Dew comes, frost no more
the vernal equinox splits the light
many a time belatedly.
Days in autumn prepare for cold
and the special smell of soil
many a time fitfully.
Oh we must believe in spring
when snow melts and streams swell
the hardiest flowers first sprout.
Days in autumn prepare for dark
many a time they forecast the yield.

(*chorus*)
*Because of necessity it happens to live
because of belongingness it happens to become*

(*they*)
Ode for the Beginners

Whatever comes to pass
time will file the time
and this extraordinary wait.

(*lei*)
E così sono qui a scrivere attraverso
due respiri, scegliendo parole
che tu possa comprendere.
Perché quando l'inizio verrà
ogni fine sarà dimenticata
sebbene la testimonianza del dolore
resterà intraducibile.

...

Dobbiamo credere nella primavera.
La rugiada ritorna, il gelo scompare
l'equinozio d'inverno divide la luce
spesso in ritardo.
I giorni in autunno preparano il freddo
e il profumo speciale del suolo
spesso in modo irregolare.
Oh dobbiamo credere nella primavera
quando la neve si scioglie e i torrenti si gonfiano
i fiori più temerari per primi germogliano.
I giorni in autunno preparano il buio
spesso predicono il raccolto.

(*coro*)
Per necessità succede di vivere
per appartenenza succede di divenire

(*loro*)
Ode a Coloro che Iniziano

Qualunque cosa accada
il tempo archivierà il tempo
e questa straordinaria attesa.

The drama and the epic
the events that befall
the beginners
invoke glory and rage.
Because of necessity
they happen to live
because of belongingness
they happen to become.
There's no difference between
starting and starting over for
what was or wasn't done
cycles with the stringency
of a climate loop.
And the silence of hesitation
saturates the air condensing
inside the mask
accelerating the dew point.
It muffles this new normal.
Beginners challenge
the so called tragedy
of the time horizon
in which people can't imagine
the suffering of the humans
of the future and
nothing much gets done
on their behalf.
Beginners are seamless
and they care.
Some of them give in.

It took seven years
to obtain full citizenship
that kind of right that offers
allegiance and protection.

Il dramma e l'epopea
gli eventi che accadono
a chi comincia
suscitano gloria e rabbia.
Per necessità
succede di vivere
per appartenenza
succede di divenire.
Non c'è differenza tra
iniziare e ricominciare perché
ciò che è stato o non è stato fatto
si ripete con l'intransigenza
dei cicli climatici.
E il silenzio dell'esitazione
satura l'aria che condensa
all'interno della mascherina
accelerando il punto di rugiada.
Attutisce questa nuova normalità.
Coloro che iniziano sfidano
la cosiddetta tragedia
dell'orizzonte temporale
per cui le persone non riescono
a immaginare la sofferenza
degli esseri umani del futuro e
poco viene speso a loro favore.
Coloro che iniziano sono senza soluzione
di continuità e a loro importa.
Alcuni si arrendono.

Ci sono voluti sette anni
per ottenere piena cittadinanza
quel tipo di diritto che offre
lealtà e protezione.

In the desperate republic of love
people treat their *solastalgia**
by trial and error.
All types of relationship
are ecosystems, fragile environments
constantly threatened
by bacteria and ambushes.
Frequently, they collapse.
But when they make it
by alchemy or magic
holding on radically to life
in that moment they entangle
like quanta at the opposite ends
of the universe.

What do we need?
A strong hail storm hit the region.
A heat wave, aggressive and extended
the drought scorching the countryside.
We need water and air, *pshenytzya**
to avert global hunger.
Wheat is stuck in Ukrainian ports
and Europe turned to coal.
Do we still have a long term?
To adjust the pace seems drastic
and traumatic the act of releasing.
If we could rely on the knowledge
that every seven years
our cells regenerate
our memory would revamp.
Peoples would make new patterns
and you and I would frame
ourselves afresh.

Nella disperata repubblica dell'amare
la *solastagia** si cura
per tentativi ed errori.
Tutti i tipi di relazione
sono ecosistemi, ambienti fragili
minacciati costantemente
da batteri e imboscate.
Spesso, collassano.
Ma quando ce la fanno
per alchimia o prodigio
per radicale attaccamento alla vita
in quell'istante si intrecciano
come quanti ai confini estremi
dell'universo.

Di cosa abbiamo bisogno?
Una forte grandinata ha colpito la regione.
Un'ondata di calore aggressiva ed estesa
la siccità che brucia la campagna.
Abbiamo bisogno di acqua e aria, *pshenytzya**
per scongiurare la fame globale.
Il grano è bloccato nei porti ucraini
e l'Europa ha riaperto le centrali a carbone.
Esiste ancora il lungo periodo?
Aggiustare l'andatura pare drastico
e traumatico l'atto del rilasciare.
Se potessimo affidarci al sapere
che ogni sette anni
le nostre cellule si rigenerano, assisteremmo
a una ristrutturazione della memoria.
I popoli produrrebbero nuovi pattern
e tu e io formuleremmo
noi stessi da capo.

(*she*)
Belonging. Being longing
for a moment in time
that locates all uncertainties.
Like that day at Alberoni beach
and those pictures
our footprints on the setting
of 'Death in Venice'.
We imitated the shore
worn away by the waves
hiding crabs and dressing in seaweed.
Biomimicry has already been applied
to cities like forests.

(*choruses*)
Chorus IS
IS this the way they belong to each other?

Chorus SÌ
SÌ it IS, they intertwine souls and loosen bones

Chorus IS
IS it dangerous?

Chorus SÌ
SÌ it IS and desperate, radical and irreversible

Chorus IS
IS this to be and SÌ to affirm?

Unknown
They outlast for they become whole

(*lei*)
Appartenere. Sentire il bisogno
di un momento nel tempo
che posizioni tutte le incertezze.
Come quel giorno agli Alberoni
e quelle foto
le nostre orme sul set
di 'Morte a Venezia'.
Imitare la battigia
erosa dalle onde
nascondere i granchi e vestirsi di alghe.
La biomimesi è stata già applicata
alle città come foreste.

(*cori*)
Coro IS
È questo il modo in cui si appartengono?

Coro SÌ
SÌ lo è, con intreccio di anime e ossa lasche

Coro IS
È pericoloso?

Coro SÌ
SÌ e disperato, radicale e irreversibile

Coro IS
IS vuol dire essere e SÌ affermare?

Fuoricampo
Sopravvivono perché si completano

(*she*)
The sea cries and whitens.

(*chorus*)
Failing, failing, failing and failing again!

(*they*)
And then there's failure.
Again and again.
A sandcastle torn down
right before it falls.
Because it's stinging to see it
washed in with the tide
blown away or stamped out
by someone else.
It's always been an elsewhere
with an unnatural push to end.

Ode to Failure

Close all the windows
check for draughts.
Let it start and flow and pass through
the furniture and the basket of linen
the dying toothpaste tube
the dogs' eco-bags.
On each visit, it seems it never left
talkative and judgmental, it lingers.
But when we sit surrendered
it crops and trims, it asks for mercy.
This is not about falling per se
rather, about the dynamics of the fall.

(lei)
Il mare urla e biancheggia.

(coro)
Fallire, fallire, fallire e fallire ancora!

(loro)
E poi c'è il fallimento.
Ancora e ancora.
Un castello di sabbia distrutto
poco prima della sua caduta.
Perché è dura vederlo
scomparire con la marea
spazzato via dal vento o
calpestato da qualcun altro.
È sempre stato un altrove
con un'innaturale spinta a finire.

Ode al Fallimento

Chiudete tutte le finestre
controllate gli spifferi.
Che cominci e fluttui e passi attraverso
i mobili e il cesto della biancheria
il tubetto agonizzante del dentifricio
i sacchetti bio dei cani.
A ogni visita, sembra non sia mai partito
loquace e giudicante, si attarda.
Ma quando ci sediamo arresi
ritaglia e spunta, ci chiede comprensione.
Non si tratta del cadere di per sé
piuttosto delle dinamiche della caduta.

Like photon wave-particle duality
and the uncertainty principle.
We can never be certain
about the position of a body in space.
If we fall it's hard to pinpoint us
figure out where we'll land.
It says – don't take all the blame
I can be irrational and unwarranted
over-ascribed to your life.
Contextualise your grief.

(*she*)
Failing, failing, failing
and failing again.
It's the cost of regret and choices
deferred that burdens us.
Getting old and realising that
we haven't shared our lives.
The gusts of wind clearing fast
the air when fall starts.
Pollen whitening the plain.

(*they*)
They leave by detachment
one by one and in clusters, layering.
A seeming fragility.
Pollen grains and their microspores
are one of the most resistant substances
in the plant world.
Under anoxic conditions, they linger
in ponds and fens for thousands
to millions of years.
They mirror the past in the future.
A story of earlier vegetation
and climate status.

Come la dualità di onde-particelle dei fotoni
e il principio di incertezza.
Non possiamo mai essere certi
della posizione di un corpo nello spazio.
Se cadiamo è difficile localizzarci
capire dove atterreremo.
Dice – non addossarti tutta la colpa
posso essere irrazionale e arbitrario
sovra attribuito alla tua vita.
Contestualizza la pena.

(*lei*)
Fallire, fallire, fallire
e fallire ancora.
È il costo del rimpianto e delle scelte
differite che grava su di noi.
Invecchiare e rendersi conto
di non aver condiviso le nostre vite.
Le raffiche di vento che puliscono l'aria
veloci all'inizio dell'autunno.
Il polline che imbianca la pianura.

(*loro*)
Si allontanano per distacco
uno a uno e a grappoli, formano strati.
Fragilità apparente.
I semi dei pollini e le loro microspore
appartengono alle sostanze più resistenti
nel mondo vegetale.
In condizioni di anossia, restano
in laghi e paludi per migliaia, milioni di anni.
Uno specchio del passato nel futuro.
Storie di vegetazioni primordiali
e stati climatici.

(she)
Pollens waft through me.
They intersect my white
the mesmerising orange-blue flight
of the kingfisher and the bee-eater
on the Bacchiglione.
Absence wafts through us.
Our persistent morphology
gradually degraded.
Walls and apertures
to indicate our structure.
Lie down on the ground
with me like a layer.
The woolly soil teasels
the substratum and the soles.
Moisture wets palms
holding the leash.
It's so windy lately.
...
Trying, trying, trying
and trying again.
As the branch wedged
between the reeds
and white herons
flock and re-flock
on poor hay prairies
when steps approach.
So mortal the doubt
of being defeated
the discomfort, the weakness.
If only guilt could make amends.

(chorus)
... No longer

(*lei*)
Pollini mi attraversano.
Intersecano il mio bianco
il volo brillante blu e arancione
del martin pescatore e del gruccione
sul Bacchiglione.
L'assenza ci attraversa.
La nostra morfologia persistente
deteriorata per gradi.
Muri e aperture
a indicarne la struttura.
Stenditi a terra con me
come uno strato.
Il suolo lanoso garza
la superficie e le suole.
L'umidità bagna i palmi
chiusi sul guinzaglio.
C'è sempre vento di recente.
...
Provare, provare, provare
e provare ancora.
Come il ramo incuneato
tra i canneti
e gli aironi bianchi che
si radunano e radunano di nuovo
sulle praterie magre da fieno
quando i passi avanzano.
Così mortale il dubbio
del venir sconfitti
il disagio, la debolezza.
Se solo la colpa facesse ammenda.

(*coro*)
... Non più

65

(*they*)
There are things
that disappear from view
some get unshaped.
At times, go extinct.
It's a transition, micro steps
and one final jump.
Then the exact instant of change
the *no longer*
still carrying what it was
the legacy.
We share this being on the alert
haunted by possible non-existence
actualising the thought of us
reworking pain.
Is there any room in our eyes
for the colour of air?
We converge towards
the same leap forward
that we are unable
to allocate and that will end
the state of emergency.

(*she*)
Make me ready for the arrival of the rain
which is expected heavy but needed.
Show me what I can get rid of
pruning shrubs along the fluvial corridor.
And if we must leave
the fourth industrial revolution behind
this augmented social reality
to repair our notion of mortality
help me not to falter.
We may remain one day
one last day.

(*loro*)
Ci sono cose
che spariscono alla vista
alcune mutano nella forma.
A volte si estinguono.
È una transizione, micro passi
e un balzo finale.
Poi l'istante preciso del cambiamento
il *mai più*
che ancora trasporta ciò che è stato
il retaggio.
Condividiamo questo stare in allerta
braccati dalla possibile non esistenza
attuando il pensiero di noi
rielaborando il dolore.
C'è posto nei nostri occhi
per il colore dell'aria?
Convergiamo verso lo stesso
balzo in avanti che non sappiamo
allocare e che terminerà
lo stato di emergenza.

(*lei*)
Preparami all'arrivo della pioggia
che si prevede intensa ma necessaria.
Mostrami ciò di cui sbarazzarmi
potare gli arbusti lungo il corridoio fluviale.
E se dobbiamo lasciarci alle spalle
la quarta rivoluzione industriale
questa realtà sociale aumentata
per poter recuperare la nozione di mortalità
aiutami a non vacillare.
Potremmo rimanere un giorno
un ultimo giorno.

(*they*)
Tintoretto paintings
at Scuola Grande di San Rocco
also suffer, hung and apart
from a fallen world.
They survive dazed
in their rooms.
And so St Mary of Egypt
sits contemplative
her book on her lap
her gaze upon the bush.
The mesh of humans, in-humans and post-humans
all their devices, languages and frequencies
crossing halls
up and down the stairs
next of kin and familiar strangers.
When did we lose
our sense of marvel?

(*she*)
Spikes run between my fingers
the grains bouncing on my palms
pushed gently by the breeze.
It will be cold shortly and we'll forget
the sweat, the blinds pulled down
for months.
While history marks
Queen Elizabeth II's passing
and her seventy years
on the British throne
we cling on to details, my father
foraging for mushrooms.
And then our distortions
a black hole tapping into
the latent risk of fading out.

(*loro*)
Anche i dipinti del Tintoretto
alla Scuola Grande di San Rocco
soffrono, appesi e lontani
da un mondo in decadimento.
Sopravvivono disorientati
nelle loro stanze.
E così siede contemplativa
Santa Maria Egiziaca
il libro sulle ginocchia
lo sguardo al bosco.
La rete di umani, non umani, post umani
i loro device, linguaggi e frequenze
quel passare attraverso i saloni
su e giù per le scalinate
parenti prossimi e familiari estranei.
Quand'è che abbiamo perso
il senso della meraviglia?

(*lei*)
Spighe scorrono tra le mie dita
i grani rimbalzano sui palmi
sospinti dal vento.
Presto sarà freddo e dimenticheremo
il sudore, le tapparelle abbassate
per mesi.
Mentre la storia segna la scomparsa
della regina Elisabetta II
e i suoi settant'anni
sul trono britannico
ci aggrappiamo ai dettagli, mio padre
che cerca funghi.
E poi le nostre distorsioni
un buco nero alimentato dal rischio
latente della dissolvenza.

No more might be salvific
if it stops this bulimia nervosa
our excessive concern.

(*they*)
Towards protesters we gravitate
against the cost-of-living increase.
Resignation and bitterness as if
there were no responsibilities.
We all hold a grudge for being
in dire need of care
for feeling exhausted.
There is no such thing as freedom.
We only acquaint with the perception
of boundaries and fears.
Hashtag *never again* has gone viral.

(*she*)
Wishing this resistance away.

(*chorus*)
Not yet ...

(*they*)
A rift to grant the habitability
of our territory.
The agency of subjects and objects
deciphers what is now and not yet.
Seeing a new geo-ecological class
taking the lead because we
didn't get the tragedy.
There exist decisions that compromise
bells that ring to fairly settle.

Il *non più* potrebbe risultare salvifico
se fermasse questa bulimia nervosa
la nostra eccessiva premura.

(*loro*)
Simpatizziamo con i dimostranti
contro il caro vita.
Rassegnazione e amarezza
come non ci fosse responsabilità.
Portiamo tutti rancore
per il disperato bisogno di attenzione
per questo sentirsi esausti.
La libertà non esiste.
Familiarizziamo solo con la percezione
di barriere e paure.
L'hashtag *mai più* è divenuto virale.

(*lei*)
Attendere che questa resistenza sparisca.

(*coro*)
Non ancora ...

(*loro*)
Uno strappo per garantire l'abitabilità
del nostro territorio.
L'operato dei soggetti e degli oggetti
decifra ciò che è ora e non ancora.
Vedere una nuova classe geo-ecologica
alla guida perché noi
non abbiamo colto la tragedia.
Esistono decisioni che fanno concessioni
campane che suonano per dirimere equamente.

We so love controversies.

(*she*)
Whether this is to end
or take another form
there won't be
more precious hours
than those by the river
when the bora blows
and freezes the shoulders.
The uneven view
of volcanic reliefs
the thick undergrowth
wetting the boots
the yellow daisies.
My body learns
from the dandelion
which takes the wind
in favour and swings
from the bugs rolling
back onto their abdomens
using their legs
to rock on their sides
until they right themselves.
And over the land
left fallow
the unbounded look
soothes.

(*they*)
Outside, the force of doing.
All the actants playing their function.
An action is shared, other-taken
and in this network fate opts out.
Thus the lemons hang loose while

Ci piacciono così tanto le controversie.

(*lei*)
Che debba finire
o vestire un'altra forma
non ci saranno
ore più preziose
di quelle lungo il fiume
quando la bora soffia
e congela le spalle.
La vista irregolare
dei rilievi vulcanici
la fitta vegetazione bassa
che bagna gli stivali
le margherite gialle.
Il corpo impara
dal soffione a prendere il vento
a favore e a oscillare
dalle cimici che si rovesciano
sull'addome
usando le zampe
per dondolarsi sui fianchi
finché non si raddrizzano.
E conforta
lo sguardo sconfinato
sopra i campi
lasciati a maggese.

(*loro*)
Fuori, la forza del fare.
Tutti gli attanti nella propria funzione.
L'azione è condivisa, da altri agita
e in questo network il destino si dissocia.
Così penzolano i limoni mentre
l'olio di Neem sgocciola sugli afidi.

Neem oil drips on the aphids.
Ripening, disinfesting, perishing
at the same time.
It's strenuous to cease and advance
to be a description
that needs no explanation.
Frost will do its job, better
cover the plants with fleecy blankets.

(*she*)
Red at the foot of Red Hill.
The incline on fire, the nightfall.
It might come out of dormancy
during the *Zoecene*.
Rugged and tousled the *vegri**
preserving tracks of boars and badgers.
And wild teasels sway, long.
One loses bearings in this
crunching of leaves underfoot
the cries of ducks flying south.
I drive back, and start my night watch.
I scrutinise facts.

(*they*)
How close are we
to breaching 1.5 degrees?
How close are we?
Starlings twist and turn
and swoop and swirl and
split and merge together.
They keep cohesion under attack
they confuse the predator
and interact only with few neighbours
on the side, not in front or back
along the direction of motion.

Maturare, disinfestare, perire
nello stesso momento.
È arduo cessare e progredire
essere una descrizione
che non necessiti di alcuna spiegazione.
Il gelo compirà il suo lavoro, meglio
coprire le piante con teli lanosi.

(*lei*)
Rosso alle pendici del Monte Rosso.
La salita in fiamme, l'imbrunire.
Potrebbe risvegliarsi dalla quiescenza
durante il *Zoecene*.
Aspri e arruffati i *vegri**
conservano orme di cinghiali e tassi.
E i cardi selvatici oscillano, lunghi.
Si perde l'orientamento in questo
scricchiolare di foglie a terra
il grido delle anatre che volano a sud.
Ritorno, inizio la veglia notturna.
Verifico i fatti.

(*loro*)
Quanto siamo vicini
a infrangere gli 1,5 gradi?
Quanto siamo vicini?
Gli storni ruotano e virano
a mulinello e in picchiata
si dividono e riuniscono insieme.
Mantengono coesione sotto attacco
confondono il predatore
e interagiscono solo con pochi vicini
di fianco, non davanti o dietro
lungo la direzione del movimento.

The news that birds migrate
one day earlier per degree
of increasing global temperature
to arrive at the right time
at their breeding grounds.

(*she*)
Daylight saving time is finally over.
As the rain pours and spatters
the dogs with mud
magpies seek shelter and give way
to snails and earthworms
to their composure.
A cumulonimbus above the hills
we start running.
The real issue is rhythm.
On the leash they pull asynchronous
and the rubbery noise of the wellies
is not promising.
I might crash to the ground
and be dragged by these two furies or
the river in flood could overflow and
have a memorable ending in store.

(*they*)
Absolute beginners struggle
with putting things in perspective
seeing the big picture.
More than a million earths
fits in the sun and yet
five billion suns could fit UY Scuti.
But what starts exists and cannot
be removed even when forgotten.
This is the miracle
the courage of being generative.

La notizia è che gli uccelli migrano
con un giorno d'anticipo ad ogni grado
di aumento della temperatura globale
per arrivare al momento giusto
nei luoghi di riproduzione.

(*lei*)
È terminata l'ora legale finalmente.
Mentre la pioggia scroscia e
schizza di fango i cani
le gazze cercano rifugio e lasciano
il passo a lumache e lombrichi
al loro contegno.
Un cumulonembo sopra i colli
cominciamo a correre.
Il vero problema è il ritmo.
Al guinzaglio tirano in modo asincrono
e il rumore gommoso degli stivali
non promette nulla di buono.
Potrei schiantarmi al suolo
e venir trascinata da queste due furie o
il fiume in piena potrebbe
riservarci un finale memorabile.

(*loro*)
I principianti assoluti faticano
a guardare le cose in prospettiva
considerare il quadro complessivo.
Oltre un milione di pianeti terra
stanno in un sole e tuttavia
cinque miliardi di soli stanno in UY Scuti.
Ma ciò che inizia esiste e non può
venir rimosso anche se dimenticato.
Questo è il miracolo
il coraggio di essere generativi.

Here, in the present, still unbroken
still untamed.

(she)
Caw and cry crows
not yet not yet not yet!
Cutting the haze above
the gulls heading off
to their roost sites in the lagoon
in V formation.
Before it gets dark in the hills
We will walk back home.

Qui, nel presente, ancora integro
ancora indomato.

(*lei*)
Gracchiate e gridate corvi
non ancora non ancora non ancora!
Tagliano la foschia in alto
i gabbiani rientrando
ai luoghi di riposo in laguna
in formazione a V.
Prima che faccia buio sui colli
cammineremo verso casa.

Notes

*bricole**
two thick, oak-wood posts bound together and driven into the seabed in the Venice Lagoon marking the navigable canals

*madieri**
horizontal timber boards that are part of the foundations of Venetian buildings

*solastalgia**
a form of emotional or existential distress caused by environmental change

*lithified**
from lithification, the process in which sediments compact under pressure and become solid rock

*pshenytzya**
wheat in Ukrainian

*vegri**
dry grassland or prairies typical of the Euganean Hills

Note

*bricole**
due grossi pali in legno di rovere o quercia, legati tra loro e conficcati nel fondale della laguna di Venezia per indicare lo spazio acqueo navigabile

*madieri**
travi di legno orizzontali su cui poggiano le fondamenta degli edifici veneziani

*solastalgia**
stato di angoscia che affligge chi ha subito una tragedia ambientale provocata dall'intervento maldestro dell'uomo sulla natura

*litificata**
da litificazione, processo che conduce alla trasformazione di un sedimento sciolto in roccia sedimentaria

*pshenytzya**
parola grano in lingua ucraina

*vegri**
prateria arida su suolo calcareo tipica dei Colli Euganei

Acknowledgements

My gratitude to poets Monica Guerra and Allison Grimaldi Donahue for their invaluable guidance and support.

Special thanks to poet and artist Sean Borodale for offering me his generous encouragement and advice, editor Kate Elspeth Simpson for being the kind contact that made this publication possible and Valley Press for believing in this work.

Thanks to all the artists who share the journey of creativity with me for the inspiring and enriching collaborations developed over the years.

Immense thanks to my closest friends and family for the laughter, sorrows and joys we experience together fully.

My deepest gratitude to Venice, the Euganean Hills, the Bacchiglione river, the grass, the trees and the landscape that soothes and gives shelter; to my sweet dogs, the birds, the insects, the water and its current for their sound that I keep recording as an archive of memory.

And finally thank you to that voice whose presence spans space and time and speaks to my soul with the strength of the wind in winter.

Ringraziamenti

La mia gratitudine alle poetesse Monica Guerra e Allison Grimaldi Donahue per la preziosa guida e supporto.

Uno speciale ringraziamento al poeta e artista Sean Borodale per il generoso incoraggiamento e i consigli, all'editor Kate Elspeth Simpson per essere stata il tramite che ha reso possibile questa pubblicazione e a Valley Press per aver creduto in questo lavoro.

Grazie a tutti gli artisti che condividono con me il viaggio della creatività per le collaborazioni stimolanti e arricchenti sviluppate in questi anni.

Grazie infinite agli amici più cari e alla mia famiglia per le risate, i dolori e le gioie che viviamo insieme pienamente.

La mia più profonda gratitudine a Venezia, i Colli Euganei, il fiume Bacchiglione, l'erba, gli alberi e il paesaggio per il conforto e il rifugio; ai miei dolcissimi cani, gli uccelli, gli insetti, l'acqua e la sua corrente per il loro suono che continuo a registrare come un archivio di memoria.

E infine grazie a quella voce la cui presenza attraversa lo spazio e il tempo e parla alla mia anima con la forza del vento in inverno.